Vente des Lundi 15 et Mardi 16 Janvier 1883
HOTEL DROUOT, SALLE N° 8.

OBJETS D'ART

MEUBLES ANCIENS
BRONZES, PORCELAINES, FAIENCES,
OBJETS VARIÉS

TABLEAUX

ANCIENS ET MODERNES
AQUARELLES ET DESSINS

EXPOSITION PUBLIQUE
LE DIMANCHE 14 JANVIER 1883
De une heure à cinq heures.

COMMISSAIRE-PRISEUR
Me PAUL CHEVALLIER, Succr de Me CH. PILLET
10, rue de la Grange-Batelière

EXPERTS

Pour les Objets d'Art	*Pour les Tableaux*
M. CH. MANNHEIM	M. E. FÉRAL, Peintre
7, rue Saint-Georges.	54, faubourg Montmartre.

IMPRIMERIE PILLET ET DUMOULIN
Rue des Grands-Augustins, 5, à Paris.

CATALOGUE

DES

TABLEAUX ANCIENS

ET MODERNES

AQUARELLES ET DESSINS

OBJETS D'ART

ET D'AMEUBLEMENT

MEUBLES ANCIENS, BRONZES, PORCELAINES

FAIENCES, OBJETS VARIÉS

DONT LA VENTE

AURA LIEU HOTEL DROUOT, SALLE N° 8

Les Lundi 15 et Mardi 16 Janvier 1883,

à deux heures.

COMMISSAIRE-PRISEUR

Me PAUL CHEVALLIER, Succr de Me CH. PILLET

10, rue de la Grange-Batelière

EXPERTS

Pour les Tableaux	*Pour les Objets d'Art*
M. E. FÉRAL, Peintre	M. Charles MANNHEIM
54, Faubourg-Montmartre;	7, rue Saint-Georges;

Chez lesquels se trouve le présent Catalogue.

Exposition Publique : le Dimanche 14 Janvier 1883

De une heure à cinq heures.

CONDITIONS DE LA VENTE

La vente sera faite au comptant.

Les acquéreurs payeront cinq pour cent en sus des enchères applicables aux frais.

L'exposition mettant le public à même de se rendre compte de l'état des objets, il ne sera admis aucune réclamation une fois l'adjudication prononcée.

Paris. — Typ. Pillet et Dumoulin, 5, rue des Grands-Augustins.

Vacation du Lundi 15 Janvier 1883

DÉSIGNATION DES OBJETS

MEUBLES ET BRONZES

1 — Commode du temps de Louis XVI, forme cintrée, en bois de rose, garnie de bronze doré, avec marbre blanc veiné.
Vente Franc.

2 — Pendule du temps de Louis XIV, écaille rouge et bronze doré, avec son socle.
De Clouzier, à Paris.
Vente Diaz.

3 — Deux bras de cheminée, à deux lumières, avec guirlandes de laurier.

4 — Cartel en bronze doré du temps de Louis XV, à feuilles d'acanthe et tête de satyre.
De Chapô, à Paris.

5 — Plaque en bronze doré, du temps de Louis XVI, représentant trois amours jouant avec un chien.

6 — Plaque de forme ronde, bronze doré, du temps de Louis XVI, amour écrivant.

7 — Chenets du temps de Louis XVI, à guirlandes de laurier et tête de faune.

8 — Deux tables à jeux, du temps de Louis XVI, forme carrée, avec marqueterie de bois, fleurs et ornements.

9 — Boîte à musique en marqueterie de bois, colonnettes avec chapiteaux et galeries en bronze doré.

10 — Petit bureau du temps de Louis XIII.

11 — Petite pendule Louis XVI, à cadran tournant. Vase en bronze, jeune femme et amour sur un socle en marbre blanc.

12 — Grande armoire Louis XV fermant à deux portes et à tiroir dans la partie inférieure, en bois sculpté à ornements rocaille et fleurs.

13 — Très grand meuble de même époque en bois sculpté et à moulures avec portes centrales, l'une pleine, l'autre vitrée. A droite et à gauche, tiroirs et panneaux ouvrant.

14 — Meuble en marqueterie de bois formant bureau

avec casier fermant à deux portes et table en bois sculpté. Travail allemand du temps de Louis XV.

15 — Grande armoire Louis XIV en bois sculpté et fermant à deux portes.

16 — Armoire normande du temps de Louis XV fermant à deux portes pleines.

17 — Meuble flamand en forme de crédence en bois marqueté sur pieds tournés et portant la date de 1628.

18 — Deux meubles à hauteur d'appui avec montants décorés de festons de fleurs sculptés. L'un d'eux a une porte pleine et l'autre vitrée.

19 — Commode Louis XVI en marqueterie de bois. Travail hollandais.

20 — Commode Louis XIV en bois de noyer garnie de bronzes.

21 — Commode de même travail. Epoque Louis XV.

22 — Grand meuble formant bureau en bois sculpté du temps de Louis XVI; le haut vitré ferme à deux portes.

23 — Horloge en bois sculpté du temps de Louis XV.

24 — Autre horloge en marqueterie de bois.

25 — Meuble Louis XIII à deux corps et cintré; le haut fermé à deux portes à coulisses et le bas à colonnes corinthiennes; le tout en bois sculpté.

26 — Petit meuble de forme contournée du temps de Louis XV, à tiroirs et à consoles en bois sculpté.

27 — Grand fauteuil Louis XIV en bois sculpté couvert en cuir de Cordoue.

28 — Fauteuil de style Henri II en bois sculpté couvert en drap rouge.

29 — Petite pendule de style Louis XIV en marqueterie d'écaille et cuivre garnie de bronzes.

30 — Cartel Louis XVI en bois sculpté et doré à ornements, trophées et corbeilles de fleurs.

31 — Scriban en marqueterie de bois, à tiroirs et à dos d'âne. Travail hollandais du temps de Louis XV.

32-34 — Trois bureaux à dos d'âne en marqueterie, dont un du temps de Louis XV et deux du temps de Louis XVI.

35 — Vitrine Louis XVI en marqueterie de bois. Travail hollandais.

36 — Cabinet en marqueterie avec personnages.

37 — Meuble à deux corps, le haut cintré en marqueterie de bois, à portes et tiroirs. XVIIIe siècle.

38 — Armoire en bois sculpté fermant à trois portes. XVIIe siècle.

39 — Grande encoignure en bois sculpté fermant à une porte pleine. Époque Louis XVI.

40 — Bureau-ministre à quatre faces, en bois sculpté. Style Louis XV.

41 — Un lot de bois de chaises et de fauteuils.

42 — Lot de cadres anciens.

43 — Fort lot de bois sculptés pour meubles.

44 — Deux grandes colonnes cannelées en bois avec sculptures et chapiteaux corinthiens.

5 — Commode Louis XIV en bois de chêne sculpté.

46 — Deux consoles en bois sculpté avec leurs marbres.

47 — Deux girandoles à deux lumières en cuivre doré. Travail anglais du temps de Louis XVI.

PORCELAINES ET FAIENCES

48 — Soupière en porcelaine de Sèvres, bleu turquoise, à médaillons de fleurs et fruits, montée en bronze doré avec anses formées par des serpents enlacés.

49 — Poêle Louis XVI en faïence, à peintures en grisaille sur fond brun et bordure bleue.

50 — Lot de faïences de Strasbourg et autres.

51 — Quelques porcelaines de Saxe et autres.

52 — Deux tasses, un sucrier et une théière en porcelaine de Saxe décorés de fleurs.

53 — Six tasses, sucrier, cafetière et pot à crème en porcelaine d'Allemagne, à fleurettes en camaïeu et or.

54 — Théière, sucrier et pot à crème, en terre émaillée brun à fleurs et oiseaux en relief.

55 — Corbeille à anse surélevée en ivoire sculpté et repercé à jour. Travail chinois.

56 — Chimère en grès émaillé gris de la Chine.

TAPISSERIES ET ÉTOFFES

57-58 — Deux tapisseries d'Aubussson à sujets mythologiques.

59 — Lambrequin en toile brodée à larges fleurs. Long. 3 m.

60 — Lot de soieries anciennes.

61 — Quatre garnitures de fauteuils en tapisserie d'Aubusson.

62 — Deux tapis au point de Hongrie.

63 — Toile peinte décorée à l'imitation d'une tapisserie.

Vacation du Mardi 16 Janvier 1883

TABLEAUX ANCIENS

ASSELYN (D'après JEAN)

64 — ROCHERS AU BORD D'UN FLEUVE.

Effet de soleil couchant.

BERGHEM (Genre de N.)

65 — BERGERS CONDUISANT DES ANIMAUX A L'ABREUVOIR.

BLOEMAERT (ABRAHAM)

66 — LE CHRIST EN CROIX ET PLUSIEURS PERSONNAGES.

BOCKHORST (JEAN VAN)

67 — LE MARTYRE DE SAINT LAURENT.

Très belle peinture, digne du pinceau d'Antoine Van Dyck.

BOL (Attribué à Ferdinand)

68 — PORTRAIT DE JEUNE SEIGNEUR VÊTU DE NOIR.

Cadre en bois sculpté.

BREKELENKAMP (Attribué à Q. Van)

69 — OUVRIER BOURRANT SA PIPE.

BREYDEL (le chevalier)

70 — COMBAT DE CAVALIERS.

BRUSSEL (Attribué à Van)

71 — VASE ET GUIRLANDES DE FLEURS.

CASANOVA

72 — BERGÈRE ET MOUTONS AU REPOS DANS UN PAYSAGE.

CASTIGLIONE (Benedetto)

73 — LE TRIOMPHE DE SILÈNE.

CHAMPAGNE (D'après Ph. de)

74 — LA CÈNE.

Copie du tableau qui se trouve au musée du Louvre.

CHARPENTIER (Attribué)

75 — VOLONTAIRE ALLANT AU COMBAT.

COYPEL

76 — VÉNUS SUR LES EAUX.

Gracieuse composition.

CUYP (G.)

77 — PORTRAIT DE FEMME.

Vue en buste, vêtement noir, collerette plissée et bonnet en mousseline empesée.

DESPORTES (François)

78 — GIBIER, FRUITS ET PERROQUET SUR UNE TABLE.

Très bon tableau du maître, signé et daté 1716.

FERGUSON

79 — OISEAUX MORTS ET USTENSILES DE CHASSE ACCROCHÉS A UN MUR OU POSÉS SUR UNE CONSOLE DE MARBRE.

FRANCK

80 — L'ADORATION DES MAGES.

GÉRARD (le Baron)

81 — PORTRAIT DE JEUNE FEMME VÊTUE D'UNE ROBE VIOLETTE DÉCOLLETÉE, VUE JUSQU'A LA CEINTURE.

Fine et jolie peinture.

GOYEN (Attribué à J. Van)

82 — PAYSAGE AVEC ARMÉE EN MARCHE.

GRAAT (Bernard)

83 — APRÈS LE REPAS.

Des jeunes gens, assis devant la porte d'une auberge, causent et rient avec deux jeunes femmes; au second plan, un homme pince de la guitare.

Fin et gracieux tableau de l'artiste.

GRIEFF (Genre de)

84 — GIBIER DANS UN PAYSAGE.

GROOT (J. de)

D'après Van Gelder

85 — OISEAUX DE BASSE-COUR ET USTENSILES DE CHASSE SUR UNE CONSOLE DE PIERRE.

GUARDI (Attribué à F.)

86 — LES LAGUNES, A VENISE.

GUIDO RENI (D'après)

87 — LA VIERGE, L'ENFANT JÉSUS ET SAINT JEAN.

HOOGE (Genre de Pierre de)

88 — INTÉRIEUR HOLLANDAIS.

Un homme est occupé à lire, assis devant une table; une servante lui apporte des rafraîchissements.

HUBERT-ROBERT (Genre de)

(DEUX PENDANTS)

89 — PAYSAGE AVEC CHUTE D'EAU.

JEAURAT

90 — PETITE PAYSANNE MANGEANT DES RAISINS.

LAQUY (G.-J.)

91 — LA MÉNAGÈRE HOLLANDAISE.

LE BRUN (Attribué à Ch.)

92 — ALEXANDRE

Touché de la grandeur d'âme du roi Porus, qu'il a

vaincu, le place au nombre de ses amis, en lui donnant ensuite un plus grand royaume que celui qu'il a perdu.

Dessin.

93 — ESQUISSE DE PLAFOND.

LÉPICIÉ

(DEUX PENDANTS)

94 — DES VILLAGEOIS BUVANT ET CHANTANT.

MUSSCHER (Michel Van)

95 — PORTRAIT DE JEUNE DAME ASSISE DANS UN PARC

Vente Tencé.

NATTIER (Attribué à)

96 — FANCHON LA VIELLEUSE.

NEER (Genre d'Arthur Van der)

97 — PAYSAGE COUPÉ PAR UNE RIVIÈRE.

Effet de clair de lune.

NEER (Genre d'Arthur Van der)

98 — RIVIÈRE HOLLANDAISE.

Effet de clair de lune.

OSTADE (Genre d'Ad. Van)

99 — INTÉRIEUR RUSTIQUE.

RAOUX

100 — MOISE SAUVÉ DES EAUX.

Gracieuse composition, dans un cadre en bois sculpté.

RAOUX (Genre de)

101 — LE CONCERT.

ROOS (Genre de H.)

102 — NOMBREUX VILLAGEOIS AVEC LEURS BESTIAUX TRAVERSANT UN GUÉ.

SENAVE (J.-A.)

103 — LA MÉNAGÈRE.

Une jeune femme, assise auprès d'une fenêtre devant laquelle est placé un fourneau, tient sur ses genoux un cahier et paraît faire le compte de ses provisions.

Une dinde plumée, des viandes, des légumes et différents objets se trouvent près d'elle.

Superbe et important tableau, peint sur bois.

TRINQUESSE

104 — JEUNE FEMME ÉTENDUE SUR UN CANAPÉ.

Elle est élégamment vêtue; robe rayée avec bouquet de fleurs, pardessus en soie rose. Elle tient un éventail.

TRINQUESSE

105 — PORTRAIT DE VIOTTI.

Célèbre violoniste et compositeur.

VAN BALEN ET VAN KESSEL

106 — LA VIERGE ET L'ENFANT JÉSUS ENTOURÉS D'UNE GUIRLANDE DE FLEURS.

VELDE (Isaie Van de)

107 — CAVALIERS ET VILLAGEOIS AVEC LEURS BESTIAUX, TRAVERSANT UN VILLAGE.

VELDE (Genre de Isaie Van de)

108 — PAYSAGE AVEC FIGURES ET ANIMAUX.

VOS (Martin de)

109 — LE CALVAIRE.

Au centre, le Christ en croix, la Vierge, saint Jean et sainte Madeleine ; sur les côtés, les portraits de quatre donataires ; dans le haut, des anges.

WATTEAU (Attribué à Antoine)

110 — LE GUITARISTE.

WATTEAU (D'après Antoine)

111 — LE REPOS DANS LE PARC.

WERF (Attribué à Adrien Van der)

112 — VERTUMNE ET POMONE.

WITCHTERS ou WUCHTERS

113 — L'OPÉRATEUR.

Un personnage monté sur une estrade opère un aveugle devant une foule nombreuse.

Importante composition rappelant les œuvres des Franck.

Signé.

WOUWERMAN (Pierre)

114 — BATAILLE.

Des cavaliers et des fantassins armés de fusils ou de carabines s'attaquent avec furie.

Vente Tencé.

WOUWERMAN (Pierre)

115 — COMBAT DE CAVALIERS AUPRÈS D'UNE RIVIÈRE.

WYNANTS (Genre de)

116 — PAYSAGE.

Au centre, des arbres au bord d'un cours d'eau ; au second plan, des chasseurs et leurs chiens.

ZORG (Genre de)

117 — INTÉRIEUR RUSTIQUE.

ÉCOLE FLAMANDE

118 — LA NATIVITÉ.

ÉCOLE FLAMANDE

119 LE CHRIST EN CROIX.

La Vierge, saint Jean et sainte Madeleine.
Peinture sur cuivre.

ÉCOLE FRANÇAISE

120 — DIANE SUR UN CHAR TRAINÉE PAR DES CHEVAUX.

ÉCOLE FRANÇAISE

121 — PORTRAIT DE JEUNE FEMME AVEC SA PETITE FILLE.

ÉCOLE FRANÇAISE

122 — PORTRAIT D'UN OFFICIER SUPERIEUR.

ÉCOLE HOLLANDAISE

123 — PORTRAIT DE JEUNE FEMME.

Coiffée d'un chapeau à larges bords.

ÉCOLE HOLLANDAISE

124 — PORTRAIT DE JEUNE FILLETTE JOUANT AVEC UN CHIEN.

ÉCOLE HOLLANDAISE

125 — LE MAITRE D'ÉCOLE.

ÉCOLE HOLLANDAISE

126 — LE DÉJEUNER DES VILLAGEOIS.

ÉCOLE HOLLANDAISE

127 — MARINE AVEC BATEAUX A VOILES.

ÉCOLE ITALIENNE

128 — LA VIERGE ET L'ENFANT JÉSUS.

ÉCOLE ITALIENNE

129 — LE CHRIST COURONNÉ D'ÉPINES.

ÉCOLE ITALIENNE

130 — FRUITS ET FLEURS.

Dessus de portes.

ÉCOLE ITALIENNE

(XVe SIÈCLE)

131 — QUATRE PANNEAUX.
Sujets religieux.

132 — SOUS CE NUMÉRO, QUELQUES CADRES EN BOIS SCULPTÉ.

TABLEAUX MODERNES

AQUARELLES ET DESSINS

APPIAN

133 — COURS D'EAU SOUS DES SAULES.

BERCHÈRE

134 — CAMPEMENT ARABE.
Effet de soleil couchant.

BLUM (MAURICE)

135 — LES MARIÉS DE VILLAGE.

136 — LE DÉPART.

BURNIER

137 — PIVOINES, ROSES TRÉMIÈRES, FLEURS DE FUCHSIA,

Dans un vase de cristal posé sur une table de marbre auprès de grappes de raisin.

BUTIN (Ulysse)

138 — LE PÊCHEUR A LA LIGNE.

DAUBIGNY

139 — VILLERVILLE.

DAUBIGNY

139 *bis* — ANIMAUX A L'ABREUVOIR.

Sanguine.

DAUBIGNY

140 — BŒUFS ATTELÉS.
Crayon noir.

DUMOULIN (Louis)

141 — UN COIN DE FONTENAY-AUX-ROSES.

FINART (D.)

142 — L'INCENDIE DE MOSCOU,

GLAIZE (L.)

143 — LE LEVER.

HAMMAN

144 — DAMES VÉNITIENNES SUR LEUR BALCON.

INNOCENTI

145 — LE CABARET.

INNOCENTI

146 — L'ARTISTE DANS SON ATELIER.

INNOCENTI

147 — L'AMATEUR DE TABLEAUX.

INNOCENTI

148 — LA PÊCHE A LA LIGNE.

JACQUE (Ch.)

149 — PAYSAGE AVEC MOUTONS.

JERNBERG (A).

149 *bis* — LA PIPE CASSÉE.

LAPOSTOLET

150 — BATEAU DE BLANCHISSEUSE.

LOBBEDEZ

151 — BERGER REGARDANT UNE JEUNE FILLE ENDORMIE, A L'OMBRE D'UN CHÊNE.

MATHON

152 — VUE DE LA PLAGE, A DIEPPE.

MESGRIGNY

153 — VUE D'AUVERGNE.
Étude.

PINCHART (Émile)

154 — LE JARDIN DE L'ARTISTE.

OUVRIER (Justin)

155 — VUE DE DORDRECHT.
Aquarelle.

RIBOT (Germain)

156 — FLEURS DANS UN VERRE.

RICHTER

157 — LE CHÊNE DE BON-SECOURS.
Forêt de Saint-Germain.

TESSON

158 — RUE DE VILLAGE.
Aquarelle.

VENNEMANN (Charles)

159 — L'AUBERGE.

ÉCOLE MODERNE

160 — JEUNE FEMME ÉTENDUE SUR UN DIVAN.

www.ingramcontent.com/pod-product-compliance
Lightning Source LLC
LaVergne TN
LVHW021529140926
848035LV00047B/1266

* 9 7 8 2 3 2 9 5 3 2 8 4 4 *